Gregoriana

7

Défis européens

*Cycle de conférences
de Michel Praet
Conseiller du Président
de l'Union Européenne*

7 avril 2014
8 avril 2014
9 avril 2014
10 avril 2014

Pontificia
Università
Gregoriana

Collana diretta da Roland Meynet S.I.
Series directed by Roland Meynet S.I.

© 2014 Gregorian & Biblical Press
Piazza della Pilotta, 35 00187 - Roma
books@biblicum.com

ISBN 978-88-7839-279-3

Finito di stampare nel mese di Marzo 2014
presso Lisanti S.r.l. - Roma

Préface

Michel Praet, mon Conseiller et ami, dans le vrai sens du terme, présente ici sa vision des défis européens.

Vision qu'en grande partie je partage, car Michel m'épaule dans les matières scientifiques et culturelles, philosophiques et religieuses, et ce depuis le début de mon mandat de Président du Conseil européen.

Nous partageons donc, au sens où, dans nos discussions, l'un et l'autre recevons et prenons notre part de l'autre.

Nous partageons aussi au sens où nous ressentons souvent une proximité d'idées et de sentiments.

Et nous partageons enfin au sens où, parfois, ici et là, nos idées se partagent et ne coïncident pas. Parce que lui c'est lui, que moi c'est moi, et qu'il est heureux qu'il en soit ainsi!

Vous découvrirez dans ce petit livre une vision mais surtout, je crois, une sensibilité.

Une sensibilité et une fibre européennes où s'entremêlent les identités de Michel.

Identités bruxelloise, congolaise et belge, mais aussi vénitienne et donc quelque part italienne, car Michel est le fondateur de l'unique association belge pour Venise, «Veneziaviva.be» (et je sens que, si je ne l'écris pas, il m'en fera reproche toute ma vie…). Ce tout est très européen.

Merci à Monsieur le Recteur François-Xavier Dumortier d'avoir organisé ce cycle de conférences, d'avoir donné la parole à Michel et d'avoir fait publier son texte.

Je garde moi-même un souvenir très précieux de mon passage à «La Grégorienne» en novembre 2011.

Car qui mieux que les Éditions grégoriennes et bibliques peut aujourd'hui nous aider, nous Européens de conviction, à porter ce message de confiance en l'Europe?

Une Europe que nous désirons à la fois forte et belle à l'image des valeurs de responsabilité et de solidarité, et rayonnante à l'image des valeurs de foi, d'espérance et d'amour qu'ensemble nous partageons.

Elle en a grandement besoin en ces temps difficiles pour notre continent.

Herman Van Rompuy
Président du Conseil européen

INTRODUCTION

Mesdames, Messieurs, chers Amis,

Qu'il me soit tout d'abord permis de remercier Monsieur le Recteur de l'Université Pontificale Grégorienne, François-Xavier Dumortier, d'avoir organisé ce cycle de conférences.

Être d'Europe, c'est être, étymologiquement, l'addition des mots grecs EURYS signifiant «large» et OPS signifiant «vue», donnant ainsi EUROPÓS, «large vue».

Le défi qu'il nous faut aujourd'hui relever est de retrouver cette large vue, cette hauteur de vue européenne. Souvent, trop souvent, on observe l'Europe par le petit bout de la lorgnette, au travers des modalités techniques et technocratiques de son fonctionnement ou de son dysfonctionnement quotidien. Pour mieux la comprendre et donc mieux l'aimer, d'un amour citoyen, solidaire et responsable, il nous faut changer le regard que nous portons sur elle afin de percevoir la grande et belle ambition qu'elle incarne.

Changer de regard et changer de discours. Comme le faisait très justement remarquer Michel Crépu, éditorialiste de la *Revue des Deux Mondes*, et je cite:

> Pour l'heure, on dirait qu'entre la faconde populiste et l'ennui bruxellois, il n'y a qu'un désert. Or ce désert est habitable, pourvu qu'on se donne la peine d'y entrer. Cela veut dire que les Européens ont à se réapproprier leur propre corps, historique, politique, religieux, esthétique.

C'est à cela que je vous engage, que je nous engage, aujourd'hui. Car être Européen est un bonheur. Nous l'oublions trop souvent car le bonheur a parfois la trop grande modestie de ne pas vouloir être reconnu...

«To be European is to be lucky enough to be citizen of the closest thing to paradise on Earth.»

Ce n'est pas moi qui le dit mais le journal britannique *The Guardian* qui l'écrit!

Alors, Mesdames, Messieurs, chers Amis, même si les Anglais s'y mettent, comment ne pas, nous aussi, nous atteler à cette belle et noble tâche: défendre et faire prospérer l'idéal européen, l'idée européenne.

Merci de cheminer avec moi sur ce sentier.

I. L'EUROPE, CE QUE J'EN VIS

Première conférence, sous forme d'un témoignage: «L'Europe, ce que j'en vis». C'est quoi, aujourd'hui, être un Européen, vivre en tant qu'Européen?

Trop souvent *«Être Européen» a pris un sens désincarné, flou.* Comme l'image d'un brouillard froid qui nous entoure et dont l'humidité, parfois, nous incommode. Être Européen serait appartenir à un vaste ensemble, un ensemble — j'y reviendrai lors de ma dernière conférence — dont on ne connait pas bien les contours et les limites, un ensemble représenté par une bureaucratie bruxelloise et par des champions nationaux qui, une fois par mois, viennent à Bruxelles pour y défendre bec et ongles leur bout de gras au cours d'interminables palabres qui se poursuivent jusqu'au milieu de la nuit… Or, moi, je ne me reconnais pas dans cette Europe-là qui est une bien piètre caricature de ce qu'est véritablement la réalité européenne.

Et si je suis moi pleinement Européen, je ne suis pas un homme qui aurait comme seule et unique identité d'être Européen. *Je me «sens d'Europe».* Je suis, comme on dit en anglais, un *natural born European*, mais n'ai aucune envie de me couler dans un moule conceptuel indifférencié et anonyme.

Une identité européenne qui serait exclusive irait d'ailleurs à l'encontre de l'idée même d'Europe, de la civilisation européenne telle qu'elle s'est développée au cours des siècles. J'ai, nous avons tous, chacun d'entre nous, des identités qui, loin de s'exclure les unes les autres, s'ajoutent les unes aux autres. Car les identités ne s'annulent pas. Au contraire, elles s'enrichissent les unes les autres et on ne perd pas une identité en en acquérant une autre.

Nous avons tous besoin d'appartenir à des cercles restreints comme ceux de sa famille, son voisinage, ses amis, sa commune, sa région et son pays. Car chaque homme a besoin d'être «reconnu»; connu et reconnu. Pour exister, et pas seulement pour être. Et cette reconnaissance passe par des repères, des balises.

Repères qu'il se donne et que les autres lui reconnaissent. Repères faits de liens sociaux et familiaux mais aussi de liens historiques et géographiques.

L'homme fait partie de l'humanité, il vient de quelque part et il existe, en tant qu'homme, quelque part.

Nier son appartenance régionale et culturelle, c'est donc aussi le nier lui en tant qu'homme.

Être un Européen tout court, détaché au sens de «sans attaches», est donc un concept creux qui ne signifie rien. Et qui ne pourrait provoquer qu'un sentiment de peur et de repli, découlant d'une perte de repères. Ce sentiment est, me semble-t-il, à la base d'un courant populiste hélas de plus en plus présent en Europe.

Pour ce qui me concerne, *je me définis comme Michel Praet*, Belge né il y a 55 ans à Élisabethville dans l'ex-Congo belge, bruxellois flamand élevé à la fois en néerlandais et en français, parlant couramment l'anglais et essayant de m'appliquer pour ne pas trop massacrer la langue de Dante, langue italienne qui m'est chère comme m'est cher ce magnifique pays qui rassemble sur 300000 km^2 plus de la moitié des trésors de l'humanité. Je suis très fier d'avoir fondé une famille, d'avoir des enfants que j'ai également éduqués en français et en néerlandais, d'avoir réussi ce que je peux, toute modestie mise à part, appeler une belle carrière professionnelle et surtout, surtout, je suis fier d'être le fondateur de l'association «veneziaviva.be», unique association belge au service de la Sérénissime!

Mon histoire personnelle me plonge donc immédiatement au cœur de l'histoire européenne, celle de ses colonies, celle de sa diversité linguistique et celle de sa richesse culturelle. Être Européen, c'est donc à la fois être conscient de tous ces apports géographiques, linguistiques et culturels, mais c'est surtout et avant tout «vivre» cette richesse et cette diversité.

Je suis donc tout cela *et* Européen.

Ancré dans ma ville, Bruxelles, dans mes villes si j'y ajoute Venise, dans mes langues, dans mes cultures *et* dans l'Europe.

Mais pas dans un vague concept d'Europe, concept qui serait même totalisant car à la fois indéfini et globalisant. Un concept dans lequel on se perd au lieu de se retrouver.

Un concept faisant place à l'individu plutôt qu'à la personne.

Je me sens *Européen par adhésion à une communauté de destin*, par adhésion à une Union et non pas à une Unité.

Car l'Unité est statique alors que l'Union, elle, est dynamique et désigne les relations émanant d'un processus constamment à l'œuvre.

Union donc au sens d'entente, d'harmonie, de concorde et de paix. De relation aussi. Je développerai l'aspect «paix» lors de ma prochaine conférence.

Je voudrais m'attarder ici sur *l'aspect «relation»*, sur *l'aspect «personne»*.

Car, et c'est ce que j'en vis au sein de ma vie privée et professionnelle, ce qui fait la grandeur de l'Europe, mais aussi sa force, c'est l'échange et le partage entre des personnes. Ce partage qui nous fait «être ensemble», unis dans, par et grâce notre diversité.

Échange entre des personnes et non entre des individus.

Car l'individu a comme caractéristique de se délimiter par rapport à ce qui n'est pas lui. Il est dans une démarche d'isolement, ou plutôt d'isolation, d'isolationnisme volontaire. Poussé à l'extrême, l'individu isolé a tendance à croire que le monde a commencé avec sa naissance à lui et que le futur du monde se conjugue avec son futur à lui.

Construire l'Europe avec une somme d'individus est donc strictement impossible car toute notre Tradition serait alors balayée, et toute notre histoire sur laquelle repose notre culture serait oubliée et donc demain ignorée.

Mais, me direz-vous, notre histoire et notre culture ne sont-elles pas aujourd'hui largement ignorées par tous ceux qui sont censés «porter» le projet européen? Honnêtement, je ne le pense pas.

Certes, je ne dis pas que toute l'administration bruxelloise européenne, que les Commissaires, les Parlementaires et les Chefs d'États sont conscients que la première culture européenne, la culture dite «aurignacienne», s'est développée à l'échelle de toute l'Europe, et ceci, il y a 36 000 ans. Ou que l'acte de naissance de l'Europe historique et politique est la «Chronique mozarabe» écrite en 754 et dans laquelle, pour la première fois, le concept d'«Européens» définit les peuples d'Europe comme une entité. Ou encore, comme le dit très justement mon ami écrivain, professeur et diplomate israélien Elie Barnavi, que l'Europe comme entité culturelle consciente d'elle-même est née au Moyen-Âge et que, écrit-il, «son accoucheuse est l'Église, l'Église catholique, apostolique et romaine.»

Vous dire que j'ai vécu l'existence de cette conscience-là au sein d'organisations européennes comme l'Agence spatiale européenne pour laquelle j'ai travaillé plus de quatorze ans ou au sein de Cabinet du Président du Conseil européen, Herman Van Rompuy, que j'ai le privilège et l'honneur de servir depuis plus de quatre ans, dire cela serait mentir.

Mais si cette conscience n'existe pas, ou pas toujours, cet «inconscient collectif» est lui constamment présent. Nos fonctionnaires, nos diplomates, nos parlementaires, nos dirigeants ne construisent pas sur du sable et notre mémoire collective, qui peut parfois prendre l'aspect d'un inconscient collectif, charrie toute notre préhistoire, toute notre histoire, toute notre diversité mais aussi, et je pense au christianisme, toute notre unité spirituelle, même pratiquée de diverses manières.

Le fait d'être ensemble, de construire ensemble, inlassablement, de manière novatrice depuis les années 1950 mais sur base de centaines d'années de vie commune, cette idée-là est, je vous l'assure, présente lors de toutes les discussions et rédactions de textes, à quelque niveau que ce soit en Europe.

C'est en raison de cela que je dis que l'Europe est une affaire de relations; de personnes et non d'individus.

Car, à l'opposé de l'individu, la personne est, elle, profondément et essentiellement un être de relation. La personne est un être solidaire ou, si vous préférez, un individu doté de droits et de devoirs, un individu qui se sait interpellé par le visage de l'autre. Ce qui ne l'empêche pas, cette personne, d'être pleinement elle-même, à la fois «solitaire et solidaire» pour reprendre le beau titre du discours prononcé ici-même par le Président Van Rompuy en novembre 2011.

La relation. La rencontre. Voilà ce qui nous permet, dans notre diversité affirmée et souhaitée, de construire l'Europe. Et ces rencontres se font à partir d'une base commune, à partir *d'un socle de valeurs* que, nous, Européens, partageons.

Valeurs essentielles qui s'expriment certes avec des nuances: démocrates-chrétiennes, sociales-démocrates ou libérales, pour citer ici les grandes tendances politiques actuelles.

Mais ces nuances ne sont pas néfastes car la manière qu'ont les sociétés et les hommes de vivre les mêmes valeurs n'est heureusement ni unique ni uniforme, et les accents mis dans leur vécu peuvent et doivent même, dans une société démocratique, varier.

Mais si le mode d'expression varie, les valeurs que nous, Européens, partageons, elles, ne changent pas. Elles sont puisées au plus profond de ce qui grandit l'homme. Elles sont ce qui rend son épanouissement possible.

Valeurs particulières nées sur notre sol du fait de circonstances historiques particulières, valeurs que les Européens ont su transformer en valeurs universelles. Valeurs catholiques au sens étymologique du mot, universelles, donc universalisables. Mais/et valeurs qui puisent aux racines profondes de la culture européenne et valeurs que nous Européens portons en nous et qui font de nous des Européens au sens «Communauté»; par et grâce à ces valeurs partagées.

Valeur de laïcité, de distinction — et non d'opposition — entre le spirituel et le temporel. Valeur fondamentale de la civilisation européenne. Valeurs que nous avons tenté d'exporter ici ou là, avec des succès variés. Valeur qui trouve son origine dans les Évangiles et qui est née, politiquement, ici, à Rome.

Valeurs de droits de l'homme, de paix, de justice, de liberté, de tolérance, de participation et de solidarité, pour reprendre celles énoncées par la *Charta oecumenica* signée le 22 avril 2001 par l'ensemble des Églises chrétiennes en Europe.

Et que ce soient les Églises chrétiennes qui les énoncent n'est pas non plus un hasard, l'idée européenne étant une idée chrétienne, c'est-à-dire une idée portée par les valeurs chrétiennes devenues le ciment de la construction européenne. Et ceci même si certains, par méconnaissance ou mauvaise foi, refusent de reconnaître que toutes nos valeurs partagées sont des valeurs chrétiennes, laïcité comprise. Mais j'allais dire «peu importe», car ce qui importe est l'existence et la reconnaissance de ces valeurs que nos universités ont contribué à propager.

Car, comme l'écrivit Ortega y Gasset, «la réalité historique m'a appris à reconnaître que l'unité de l'Europe comme société n'est pas un idéal, mais un fait anciennement établi.»

Un fait établi grâce à l'expression la plus brillante de l'espace culturel européen que forment les universités. Universités médiévales qui tracent les frontières de la civilisation européenne en partageant la même philosophie (l'aristotélisme), le même programme d'études (*trivium* et *quadrivium*), les mêmes méthodes (*lectio*, *disputatio*) et les mêmes manuels (ainsi, pour la théologie, les *Sentences* de Pierre Lombard).

Certes, me direz-vous, ceci est fort bien mais nous éloigne quelque peu d'un vécu européen au jour le jour. Eh bien, je ne le crois pas.

Et l'idée, pour reprendre ce qu'écrivit Vaclav Havel, que «*cette Europe repose sur un sort partagé en commun*, sur une histoire compliquée vécue en commun, sur des valeurs communes à tous, *sur une communauté culturelle de la vie*» est ressentie, expérimentée et vécue au quotidien. J'en témoigne par cet esprit de consensus qui anime chaque personne qui travaille, comme moi, à la construction d'une Union européenne, d'une Europe plus responsable et plus solidaire, plus forte et plus belle. Et le fait que notre formation universitaire fut une formation partagée par et dans l'esprit européen n'y est pas étranger. J'écris, nous écrivons, des dizaines de discours, de notes, de propositions, de conclusions. En permanence, nous les adaptons, nous les amendons; supprimant ou ajoutant ici ou là, en fonction des majorités d'idées qui se dessinent ou ne se dessinent pas.

Mais dans l'Union nous n'imposons pas. Les choix et les priorités naissent à partir d'une volonté commune même si parfois pas unanime. Certes cette méthodologie peut donner l'impression que l'on recherche le plus petit commun dénominateur et qu'un État peut bloquer une avancée européenne au motif d'intérêts particuliers ou égoïstes. Oui, cela existe.

Certes, le développement des outils médiatiques et des réseaux dits sociaux, couplé avec un besoin d'immédiateté peut faire que plus de 500 millions d'Européens se sentent, un par un, investis d'un droit d'intervention dans les affaires de la cité, droit trop souvent utilisé pour ralentir, bloquer ou détruire, et trop peu utilisé pour proposer et faire progresser. Oui, cela existe.

Comme l'écrit Nelson Mandela, «en politique on ne doit jamais sous-estimer à quel point les gens connaissent peu de choses d'une situation.»

Et certes nous manquons parfois de personnalités fortes, ce qu'on appelle des hommes d'État. Car il est, comme l'écrit encore Mandela, «des moments où un responsable doit marcher en avant du troupeau et partir dans une nouvelle direction en se fiant à lui-même.» Oui, ces hommes et ces femmes-là, aujourd'hui, ne sont pas légion.

Mais, en dépit de cela, *la volonté de construire ensemble*, volonté qui traverse les barrières nationales, linguistiques et culturelles, cette volonté est bien présente.

Une volonté qui se base sur des valeurs essentielles, valeurs héritées du christianisme, valeurs européennes aujourd'hui reconnues par tous les hommes de bonne volonté comme universelles.

Nous ne savons pas toujours ce pour quoi nous nous battons et quel projet nous voulons mettre en place. Mais nous savons, et c'est pour moi l'essentiel, ce qu'au nom des valeurs que nous partageons, nous refusons et refuserons.

Au nom de la personne humaine.

Au nom de notre humanité.

Merci. À demain.

II. LA PAIX, L'AUTRE NOM DE L'EUROPE

Mesdames, Messieurs, chers Amis,

Hier soir, je terminais ma première conférence en vous disant qu'être de l'Union européenne, être Européen, c'est d'abord et avant tout adhérer à des valeurs essentielles, valeurs héritées du christianisme, valeurs qui ont pour noms laïcité, droits de l'homme, paix, justice, liberté, tolérance, participation et solidarité. Valeurs énoncées par la *Charta oecumenica* signée le 22 avril 2001 par l'ensemble des Églises chrétiennes en Europe.

La valeur la plus élevée sur laquelle repose l'Union est évidemment celle de la charité, celle de *l'amour*.
» L'amour qui meut le soleil et les autres étoiles», écrivit Dante.
Vertu théologale qui est déclinée notamment au travers des valeurs de tolérance, de paix, de pardon et d'amitié.
Oui, d'amitié, et j'admets que tout comme pour l'amour, le mot peut surprendre en politique. Mais souvenons-nous que le premier traité franco-allemand d'après-guerre fut appelé Traité d'Amitié.

Amour, amitié, tolérance, pardon et paix. Et le mot «paix», *la valeur «paix»* est ce qui pour moi exprime le mieux l'essence même du projet européen auquel nous travaillons depuis la fin de la deuxième guerre mondiale.
Car la paix, son établissement, son maintien, son développement, est un travail ou, si vous me permettez, un combat de tous les jours.
Un combat que nous devons mener quotidiennement afin d'espérer mériter un jour cette grande et forte parole de Jésus-Christ, reprise dans l'Évangile selon Matthieu : «Heureux les artisans de paix, parce qu'ils seront appelés fils de Dieu» (Mt 5,9).
Un combat qui est la raison d'être de l'Union européenne. S'il est en effet une valeur qui a permis à l'Union européenne de perdurer, c'est bien celle de la paix. Après plus de 1 500 ans de guerres fratricides, après une liste quasi illimitée de Traités de paix rompus les uns après les autres, après la destruction de l'Europe au cours des deux guerres mondiales, la renaissance de l'Europe fut possible grâce au pardon, à la réconciliation et à la coopération entre les peuples européens.

Robert Schuman, chrétien, spirituellement et socialement catholique, nous a symboliquement fait entrer dans cette renaissance européenne le 9 mai 1950, jour que nous devrions déclarer férié dans toute l'Union de façon à fêter cette espérance européenne et à la faire partager par l'ensemble des citoyens des 28 États membres qui la composent.

Dans sa déclaration de quelques mois antérieure à sa déclaration du 9 mai, Robert Schuman disait déjà clairement que:

> la confiance entre peuples s'improvise ni ne s'impose [...]. Nous ne pourrons y parvenir que par une coopération dans un cadre plus large où nous serons plusieurs à faire preuve de bonne volonté. Ce cadre, c'est l'Europe.

Car, en effet, l'Europe est une idée généreuse. Elle est la mise en action du pardon et de la réconciliation.

Cette Europe, notre Europe, notre Union actuelle, ne repose certes pas sur les épaules d'un seul homme. D'autres hommes que j'appellerais «Grands d'Europe» ont balisé le chemin ou l'ont poursuivi: Aristide Briand et Gaston Stresemann (qui ont reçu le prix Nobel de la paix en 1925), puis Winston Churchill, Charles de Gaulle, Konrad Adenauer, Alcide De Gasperi et Paul-Henri Spaak; sans oublier le «mentor» du projet européen que fut Jean Monnet, ni la «cheville ouvrière» aux côtés de Robert Schuman, son Directeur de Cabinet Bernard Clappier.

Plus près de nous, trop près de nous pour que j'en parle, je suis certain que l'histoire rendra hommage aux hommes d'État qui ont poursuivi et consolidé l'œuvre de leurs illustres prédécesseurs. Hommes et femmes venus d'horizons différents, de convictions politiques, philosophiques et religieuses diverses, ils ont en commun d'avoir inscrit l'Europe et le projet européen dans l'histoire.

Ils ont tracé le chemin d'une Europe forte de ses valeurs, et en premier lieu de celle de la paix, dans l'immanence de sa réalité. Ils ont tracé le chemin d'une Europe amenée à se dépasser, dans la transcendance du «plus» qui vit en chaque citoyen européen. Je tiens ici à leur rendre un vibrant hommage car, comme je l'ai dit hier, dans une société de personnes et non d'individus, dans une société où les ponts qui s'établissent entre les hommes sont à la base du projet européen, il est primordial de ne pas oublier d'où nous venons et il est essentiel de savoir dire «merci» à ceux qui, par leurs pensées et leurs actions, ont fait de l'Union européenne une terre de paix et de concorde.

Mais rien n'est jamais acquis et, je l'ai dit, la paix, son établissement, son maintien et son développement, sont un combat quotidien.

Une paix qui ne peut être un vain mot.

Une paix qui ne peut *s'établir* que sur la confiance («se fier avec») née, en Europe aussi, du pardon. Le pardon, concept théologique que les Pères fondateurs du projet européen ont fait entrer dans la sphère du politique. Et on en est venu au pardon après des guerres d'une cruauté systémique sans précédent. Le pardon est venu comme une conversion après un calvaire. Le pardon est donc à la base du «vivre ensemble» européen, du «*togetherness*» pour employer ce beau mot anglais. Un pardon vrai, véritable, c'est-à-dire une réconciliation. Réconciliation qui implique aussi que l'on se soit fait la paix avec soi-même, car pas de paix extérieure sans réalisation d'une paix intérieure. Une réconciliation qui n'a pas pour ferment l'oubli, car rien de durable ne se construit jamais sur un déni du passé.

Se réconcilier, prendre l'autre par la main comme le firent en un geste superbe Helmut Kohl et François Mitterrand à l'entrée de l'ossuaire de Douaumont le 22 septembre 1984, c'est accepter le passé. Non pour le comprendre voire l'excuser, mais pour le dépasser. Seul moyen d'établir une paix durable.

Une paix qui, pour *perdurer*, doit aussi être fondée, comme nous l'a rappelé il y a cinquante ans le bienheureux Jean XXIII dans son encyclique *Pacem in terris*, sur «l'ordre qui repose sur la vérité, se construit selon la justice, reçoit de la charité sa vie et sa plénitude, et enfin s'exprime efficacement dans la liberté». Car on ne «force» pas la paix, et trop d'échecs sont nés d'une incompréhension des postulats de départ. On ne peut être durablement en paix si l'on ne vit pas en paix, si l'on ne tue pas la violence qui est en nous.

C'est pourquoi il nous faut établir des liens de paix durables à partir de notre propre et libre volonté, sans nous mentir ou mentir aux autres, en posant chaque jour des actes de respect, c'est-à-dire de justice et d'amour, envers les autres et envers soi. Actes de respect qui sont autant d'actes de paix.

Une paix qui, pour *se développer*, doit pouvoir s'appuyer sur un sentiment profond de communauté de destin ainsi que sur des valeurs partagées. Et c'est là que l'Union doit pleinement jouer son rôle.

Car si *la paix est une valeur en soi*, valeur qui a l'amour comme ultime prolongement («Aime et fais ce qu'il te plaît», disait saint Augustin), notre Union, elle, n'est pas une valeur en soi (au sens d'une finalité à atteindre). Elle n'est qu'un moyen, certes ô combien efficace, au service de valeurs dont elle est à la fois garante et qui, en même temps, la dépassent.

L'Union, hier et aujourd'hui, ne cesse de grandir. Et elle le fait sans que la moindre goutte de sang ne soit versée. C'est en soi un fait majeur, assez unique dans l'histoire, qui fait que déclarer comme je le fais que la paix est l'autre nom de l'Europe correspond à la stricte réalité.

De nombreuses nations sont entrées depuis soixante ans dans notre alliance et la liste de celles qui frappent à la porte de l'Union grandit chaque année. Et les «nouveaux membres» attachent à la «valeur paix» dans l'Union une valeur qui dépasse celle que lui accordent les «anciens membres» qui ont hélas quelque peu oublié les leçons du passé...

Pour les «nouveaux membres», la guerre froide ne s'est terminée qu'en 1989 et, pour les habitants des Balkans occidentaux, la guerre civile et le génocide ressortent hélas encore de l'expérience vécue. Sans l'Union européenne, il n'y aura jamais eu de paix durable dans les Balkans occidentaux tant éprouvés eux aussi par l'histoire.

Car l'idée et la mission européennes sont celles d'éradiquer pour toujours la guerre.

L'échange et les échanges participent aussi, fortement, au développement de la paix. Échanges toujours plus nombreux et plus fructueux.

Permettez-moi de citer quelques statistiques

– au 1er janvier 2012, plus de dix-sept (17) millions d'Européens vivaient dans un autre pays de l'Union que le leur; sur quinze millions (15) de travailleurs étrangers dans les pays de l'Union, six millions et demi (6,5) provenaient d'autres pays de cette même Union;
– en 2011, cent soixante-dix-neuf (179) millions de personnes se sont déplacées d'un pays de l'Union vers un autre pays de l'Union pour activités privées, et vingt-huit (28) millions pour activités professionnelles;
– en 2010, cinq cent soixante et onze mille (571 000) étudiants étudiaient dans un autre pays de l'Union que le leur.

Je sais que les chiffres ne prouvent pas tout. Ils témoignent néanmoins d'un maillage de plus en plus fort de la société européenne. Un maillage qui a pour conséquence de rendre, petit à petit, la guerre impossible. Dans l'Union. Mais l'Union doit aussi jouer son rôle de «facilitatrice» de paix en dehors de l'Europe, de «facilitatrice» du rôle d'accès à des valeurs.

Ce sont nos valeurs qu'il nous fait si j'ose dire «exporter», ces valeurs qui forment le projet qui nous lie et qui nous fait jeter un pont vers l'autre, vers les autres. L'Union européenne, c'est l'idée poursuivie d'une possible et nécessaire solidarité entre les personnes et les peuples, solidarité basée sur une responsabilité de chaque personne envers elle-même et envers ce que les chrétiens appellent leur «prochain» et que d'autres et parfois les mêmes appellent leur «frère» ou tout simplement l'étranger voyageur...

Responsabilité et solidarité vont de pair avec droits et devoirs envers l'autre.

J'aimerais que s'en souviennent aujourd'hui tous ceux qui prônent un repli sur soi, tous ceux dont l'égoïsme exacerbé et le particularisme affiché mettent à rude épreuve la construction européenne.

L'égoïsme qui ne s'exprime pas seulement par le refus d'aider l'autre mais qui se déclare aussi quand on abuse d'autrui et/ou quand on refuse de prendre ses responsabilités vis-à-vis d'autrui.

Car vivre en paix c'est vivre avec autrui en solidarité et en responsabilité.

Puissions-nous, demain, dans l'Union, continuer à dire en paraphrasant Aristide Briand ou plutôt en remplaçant dans son allocution le mot «France» par le mot «Europe»:

> Je dis que cette Europe ne se diminue pas, ne se compromet pas dans sa force quand, libre de toutes visées impérialistes, et ne servant que des idées de progrès et d'humanité, elle se dresse et dit à la face du monde: Je vous déclare la paix.

Quant à moi, je vous donne rendez-vous demain pour évoquer avec vous notre diversité européenne, née du respect de l'autre, de la personne de l'autre. Diversité garante de notre culture et de notre épanouissement.

Je vous remercie.

III. LA DIVERSITÉ OU L'ESSENCE D'ÊTRE EUROPÉEN

Mesdames, Messieurs, chers Amis,

Je vous ai hier entretenu de la paix, née du pardon et de la réconciliation, et donc née de la reconnaissance de *la personne de l'autre*, du respect qu'elle doit nous inspirer si nous voulons, comme nous le voulons dans l'Union, construire une société responsable et solidaire.

Dans un livre essentiel intitulé *Ich und Du*, le philosophe juif viennois Martin Buber écrit, et je cite:

> Au commencement est la *relation*. Toute vie véritable est rencontre. C'est la rencontre qui crée, avec la présence de l'autre, la réalité du temps comme présent. Je m'accomplis au contact du «Tu» ; je deviens «Je» en disant «Tu».

Plus près de nous, l'érudit orthodoxe Serguei Averintsev, aussi appelé le prophète du dialogue œcuménique ou encore le champion du dialogue Orient-Occident, nous rappelle qu'à la base de l'idée européenne se trouve «la personne».

Et c'est en effet ce souci de la personne, de chaque personne prise séparément, qui caractérise au plus profond notre Union.

Souci de la personne et aussi garantie qu'elle lui offre de son irréductible singularité au sein d'une communauté nécessairement solidaire car fondée sur les ponts que nous jetons, chaque jour à nouveau, vers l'autre et vers les autres.

Car c'est cela le projet européen, l'établissement d'une communauté de personnes dont chacune est unique, qui partagent un même destin et qui acceptent ce partage à partir de l'idée qu'ils se font de la place de l'homme dans le monde.

De l'homme et de la femme car l'égalité homme-femme (qu'il ne faut pas confondre avec l'identité homme-femme) est, pour toute société, un indicateur de son niveau de développement. Tout comme l'est l'égalité en tant que telle, l'égalité des droits et des devoirs entre toutes les personnes.

L'Union a pour fondement la reconnaissance de la personne de l'autre.

De l'autre et donc, forcément, des minorités.
Tant sur le *plan intérieur* qu'extérieur.

Respect et reconnaissance des minorités qui rendent nos délibérations complexes et compliquées, et qui rendent l'élaboration de nos conclusions, recommandations ou décisions parfois lente et difficile. Car le respect des minorités implique qu'une majorité ne puisse rien imposer; implique que la voix du plus grand nombre ne soit pas, par définition, la voix de la vérité européenne. L'Union européenne s'est construite sur les décombres d'une Europe d'après deuxième guerre mondiale, guerre provoquée par des dictateurs soutenus, au départ, par une majorité. Hitler et Mussolini sont sortis de scrutins électoraux démocratiques, même s'ils se sont empressés de les supprimer. Il est donc heureux qu'aujourd'hui le projet européen place le respect de la personne, et donc des minorités, au-dessus de l'acceptation automatique d'un souhait d'une quelconque majorité mathématique.

C'est cela le projet de l'Union sur le plan intérieur mais aussi sur le *plan extérieur*. Sur le plan extérieur *ayant vocation à devenir intérieur*, comme par exemple la Serbie, pays qui a, pour reprendre mon raisonnement précédent, également vu l'élection démocratique de Milosevic. Pays qui ne sera intégrable et donc intégré à l'Union que quand, notamment, le respect de la diversité, des diversités et donc des minorités, sera garanti.

Et projet de l'Union sur le *plan purement extérieur*, avec, par exemple concernant les pays arabes et du Proche et Moyen Orient, le rappel certes d'une nécessité démocratique mais d'une nécessité devant toujours être couplée avec le respect de la personne et donc avec la reconnaissance des droits des minorités.

De l'autre et donc, forcément, de la diversité.

Car c'est elle, la diversité, qui constitue la richesse historique, culturelle et humaine de notre société européenne; tout comme l'universalité constitue notre message politique. L'universalité, pas l'universalisme. L'universalité d'une parole adressée à tout homme. Au contraire de l'universalisme qui considère la réalité comme un tout unique.

Une diversité qu'il nous faut cultiver car elle est à la base du dynamisme européen. Une diversité qui ne menace pas notre unité mais qui, au contraire, la renforce car elle est la garantie d'une civilisation qui a, je l'ai rappelé, la personne de l'autre pour fondement. Sa personne et donc ce qu'elle exprime en propre, physiquement, intellectuellement, culturellement et spirituellement.

La *diversité* qui a, nécessairement, comme corollaire la *complexité*. Complexité qui rend parfois l'Europe peu lisible car il faut, pour l'approcher et la comprendre, faire l'effort d'une certaine culture. Là réside d'ailleurs d'après moi un des problèmes majeurs liés à un certain désamour européen. La diversité et la complexité demandent, requièrent un effort permanent de lecture, de relecture, d'interprétations et de réinterprétations. Or, et ceci concerne non seulement l'Europe mais le monde, on privilégie aujourd'hui la rapidité à la lenteur, le simplifié voire le simplisme au plus compliqué, l'amusant au plus difficile, le brillant au plus profond.

Pour le dire avec les mots du Professeur de l'Université de Rome Raffaele Simone: «La lenteur et la peine qui ont été associées pendant des millénaires à l'apprentissage complexe, sont remplacées par la rapidité et le *fun*.»

Ceci n'est, je l'ai dit, pas un phénomène européen qui toucherait uniquement nos concitoyens. Mais il frappe directement l'Europe au cœur car notre Union a, pour prospérer, besoin de diversité et de complexité. Comme nous le rappelle Friedrich Von Schlegel, «la diversité est devenue, tout au long des siècles, le caractère distinctif de la formation de l'Europe».

C'est donc bien là que le bât blesse car la désaffection européenne chez une partie de la population vient justement du fait qu'on ne l'éduque plus, qu'on ne l'instruit plus avec le souci d'aimer et de chérir la diversité et la complexité. C'est, selon moi, une des raisons principales, bien que rarement invoquées, d'un certain fondamentalisme anti-européen, d'un certain populisme qui, par définition, récuse la diversité et qui se nourrit aujourd'hui de messages et de communications qui doivent être les plus brefs et les plus simples possibles.

J'en fais tous les jours l'expérience dans ma vie professionnelle: les tweets font office de communiqués et les «one liners» sur internet ou à la télévision remplacent trop souvent les analyses ou les articles de fond.

Or *la communication n'est pas la culture*, et la culture n'est pas une affaire de communication. La culture permet l'échange entre des personnes, entre des Européens et, à travers cet échange, l'accès à l'imaginaire et aux rêves de ceux qui partagent le même Union que nous. En cela elle est primordiale car elle permet à chacun d'approcher ce que j'appellerais «l'esprit européen».

Un esprit qui est notre supplément d'âme européen et qui se retrouve, principalement, dans l'art et la littérature qui sont affaires de création.

La différence essentielle entre communication et culture est que l'une gomme les différences tandis que l'autre, au travers de la création, met à jour leurs significations.

La richesse de l'Europe se trouve notamment dans sa création littéraire, dans ses *mythes* que portent l'Iliade et l'Odyssée, l'Énéide, la Chanson de

Roland, la quête du Graal, Don Quichotte, Faust ou encore Monsieur K. l'étranger absolu.

Ces œuvres ont forgé ce mythe d'Europe, cette quête d'Europe que nous portons en nous et que nous poursuivons politiquement. Et ceci même si nous avons, pour la plupart d'entre nous, lu, comme la majorité des Européens, ces œuvres en traduction. Traduction qui «ajoute» à l'œuvre. Traduction qui ne la déforme pas mais lui apporte ce «supplément d'âme» cher à Bergson, supplément d'âme qui lui vient d'une autre langue, d'une autre partie de notre Union.

Traduction qui est, elle aussi, une véritable valeur ajoutée européenne.

Car l'Europe comptant vingt-quatre (24) langues officielles, nous avons, dans l'Union, développé une véritable science des langues, une véritable connaissance du monde des langues. Science et connaissance dont nos services d'interprètes et de traductions sont l'expression.

Certes vingt-quatre (24) langues ne facilitent pas la communication mais, comme je l'ai dit, communication n'est pas culture. Et il me semble que le degré de culture de l'Inde, qui compte vingt-huit (28) États fédéraux et vingt-deux (22) langues officielles n'a rien à envier au degré culturel des États-Unis qui, heureusement pour eux, se diversifient, notamment en s'hispanisant davantage.

L'homme européen, et c'est aussi en cela que réside sa spécificité, a appris à lire et à re-lire, à interpréter et à ré-interpréter. Je l'ai dit. C'est ce qui fait sa force. Culturelle mais aussi spirituelle. C'est ce qui fait, si vous me permettez, sa religion. Au sens, comme le fit remarquer Cicéron, de *religare*, de nous réunir, de nous relier entre nous par l'entremise du et des textes; et de *relegere*, de re-lire et de ré-interpréter, démarche culturelle par essence et par excellence.

Culture et complexité. Diversité et donc traduction disais-je en parlant des traductions de nos grandes œuvres littéraires.

Et ainsi, de supplément d'âme en supplément d'âme, pour utiliser les mots de Jacques Delors, nous voyons se dessiner ce que j'ose appeler «la spirale de la vie» d'une œuvre, spirale à laquelle l'auteur mais aussi les différents traducteurs, critiques et lecteurs européens donnent vie.

La diversité ajoutée à la diversité: voilà ce qui grandit la culture européenne et avec elle l'ensemble des Européens qui font l'effort d'entrer dans ces diversités.

Esprit européen façonné par, vers et grâce à la diversité. Et esprit qui par *l'échange* tend, non pas vers une unité de vues, mais vers une unité de ressenti qui fait que l'on se «sent d'Europe».

Si Goya n'avait pas peint, l'Espagne ne serait certes pas différente, mais elle serait ressentie autrement, différemment. On voit l'Espagne à travers Goya. Et on la comprend mieux.

De même pour Dante, qui a imprégné et façonné la culture italienne et qui, en même temps, a apporté ce «plus» à jamais ancré dans la poésie et la spiritualité européennes. Comprendre l'Allemagne, c'est lire Goethe. Comprendre la France, c'est lire Montaigne. Comprendre l'Europe, c'est lire et relire ces grands écrivains qui ont, par la langue, souvent contribué à fonder une culture nationale mais qui ont, en même temps, par le message et la force de leurs œuvres, aidé à développer une culture proprement européenne car véhiculant des mythes que l'ensemble des Européens partagent.

Nous, Européens, sommes donc liés par un *héritage culturel commun* et cet héritage, loin de nier la diversité, est le fait d'échanges et de partages. En effet, les frontières des territoires ont souvent bougé, les populations voyagé ou migré, les grands esprits se sont rencontrés, les histoires ont parfois été communes et les sources d'inspiration se sont mélangées.

Cet héritage culturel commun il s'agit de le faire vivre. Notamment au travers de l'éducation et de l'instruction. L'effort à faire est immense.

Mais c'est à ce prix, si j'ose ainsi m'exprimer, que l'idéal européen refleurira. Car l'économique et le social ne sont pas tout. Je ne nie pas leur importance dans le processus de consolidation d'une Union européenne responsable et solidaire.

La crise que nous avons connue ces dernières années, la crise la plus grave depuis la fin de la deuxième guerre mondiale, a retenu, à raison, toute l'attention et toute l'énergie de nos Autorités politiques. Si elle n'avait pas été jugulée, elle aurait pu détruire toute la construction continuée depuis soixante ans. Car comment parler de paix et de réconciliation, si reprennent le dessus d'un côté l'égoïsme et le «campanilisme», cette fièvre de la démocratie, et l'irresponsabilité institutionnalisée d'un autre côté. Comment parler de paix et de réconciliation si leurs corollaires que sont la responsabilité et la solidarité partagées sont ignorés voire niés.

Tout est lié et nos valeurs essentielles, qui ont, entre autres, pour noms paix, justice, responsabilité et solidarité, ne constituent pas un catalogue dans lequel on pourrait faire un choix. Nos valeurs sont un tout, tout comme nos politiques; qu'elles soient financières, économiques, sociales ou culturelles.

Ré-enchanter l'Europe c'est miser sur nos valeurs. C'est s'engager, personnellement, à devenir un peu plus «producteur» et un peu moins «consommateur». C'est agir un peu plus en personne responsable et un peu moins en individu. C'est être du côté de la création et de l'échange. Sans l'échange, sans la diversité, sans cette richesse au service de notre développement intellectuel et civique, notre «vivre ensemble» risque d'être à terme compromis.

C'est sur cet *hymne à la diversité* et donc à l'Europe que je voudrais conclure ma conférence de ce soir en vous donnant rendez-vous demain pour une dernière conférence qui traitera des manquements de l'Europe, de ses incomplétudes et inachèvements, ainsi que des possibles pistes que j'entrevois pour que nous en sortions tous renforcés.

Je vous remercie.

IV. L'EUROPE INACHEVÉE...

«Il ne suffit pas que notre communauté de destin soit réelle, il faut encore qu'elle soit perçue comme telle.»

Mesdames, Messieurs, chers Amis, cette phrase que je viens de citer se trouve dans le rapport traitant de l'Europe, rapport rédigé en 1979 — il y a donc presque 40 ans! — par le Premier Ministre belge *Léo Tindemans* à la demande de ses — à cette époque — huit autres collègues européens.

Et, en effet, pour qu'il y ait appartenance, il faut qu'il y ait *adhésion*.
Aucun projet, si beau et noble soit-il, même reposant comme celui de l'Union sur des valeurs de paix, de responsabilité, de solidarité et de respect de la personne — de toutes les personnes —, aucun projet ne peut aboutir s'il n'est porté par les citoyens qui en ont la charge.
Or, depuis 40 ans, depuis la parution du rapport Tindemans, l'adhésion citoyenne au projet européen a, paradoxalement, à la fois augmenté et diminué.

L'adhésion a augmenté, même si la crise est passée par là. Elle a augmenté en dépit de la crise ou, paradoxalement ici aussi, grâce à la crise. Certes une grande partie de la population européenne fut affectée par les restrictions. Et certes les efforts qui furent demandés ne rendent pas ceux qui les demandent, ni le projet qu'ils portent, très populaires.
Mais je crois que l'Union et que le sentiment européen sortiront renforcés de cette crise car les citoyens européens savent parfaitement, même ceux sans grande culture économique, que si la «machine européenne» n'était pas intervenue, certains pays de l'Union auraient littéralement été emportés par la crise. Et ce désastre aurait, par effet domino, provoqué de véritables cataclysmes partout dans l'Union. Grâce à l'Union, aucun citoyen européen ne s'est retrouvé en totale perdition. Ce fut, croyez-moi, un combat mené tous les jours; un combat pour la survie financière, budgétaire, économique et donc sociale des États membres qui constituent l'Union européenne; et donc un combat au service de l'ensemble des citoyens de notre Union.
Les citoyens européens, à quelque partie de l'Union qu'ils appartiennent, en sont je crois aujourd'hui conscients et chacun sait qu'une politique d'autarcie économique vouerait son pays ou sa région à l'échec et les citoyens de ce pays ou de cette région à une pauvreté par trop durable.

Les États membres de l'Union et donc leurs citoyens sont de plus en plus interconnectés et cette connectivité leur a permis de dépasser une crise qui fut la plus grave crise que nous ayons connue depuis la seconde guerre mondiale.

Mais, comme l'écrit Régis Debray, «*il y a loin du connectif au collectif*». Et l'économique et le social sauvegardés — même si malmenés — ne suffisent pas à emporter une adhésion citoyenne à un projet qui, heureusement, dépasse l'économique et le social. Car l'urgence citoyenne européenne passe aussi par la culture, l'éducation et l'instruction. Et là, le chemin est encore long; j'y ai fait allusion lors de ma conférence d'hier.

Et le chemin passe aussi par une *meilleure définition du projet européen*, car adhérer à un projet demande que l'on connaisse quel est le projet, quelle est sa finalité et surtout «*avec qui*» on le mène et «*comment*».

Or si les citoyens européens ont conscience des valeurs qui guident la vision européenne, valeur de paix, de responsabilité et de solidarité, ils ne savent pas qui le mène avec eux ni comment on le mène.

Mon premier point, «qui le mène avec eux?», concerne, vous l'aurez compris, les frontières de l'Europe. Où s'arrête le projet?

Mon deuxième point, «comment on le mène?», concerne la répartition des tâches, des attributions en Europe. En gros, «qui fait quoi?».

Je vais, pour me faire mieux comprendre, utiliser *une métaphore*, celle d'*une maison*.

Considérez une belle maison que vous, citoyen européen, habitez. Un jour, quelqu'un frappe à la porte et vous dis que d'autres vont venir habiter, avec vous, dans votre maison.

Mais ne vous inquiétez pas; ils auront leur propre chambre, salle de bains, cuisine et salon, et l'unique changement que vous percevrez sera que la maison dans laquelle vous habiterez sera plus grande.

Très bien, direz-vous à cette personne qui vous annonce cette nouvelle, mais après ceux-là, en viendra-t-il d'autres? Et si oui, combien ? et quand? Et devra-t-on construire une aile ou deux ailes de plus à ma maison? Cela changera-t-il l'aspect extérieur et intérieur de la maison, son caractère?

Et là, pas de réponse. La personne vous dit qu'elle ne sait pas. «Qu'on verra».

Comment, dans ces conditions, ne pas être inquiet. Vous et moi. Je ne m'exprime pas ici pour ou contre l'entrée dans l'Union de la Turquie ou d'autres. Je dis simplement que si l'on veut que les citoyens adhèrent pleinement à un projet, ils devraient être rassurés et savoir où il les mène. Où et surtout avec qui.

Et être rassurés ne signifie pas nécessairement que l'on refuse, pour prendre un exemple, l'entrée de la Turquie dans l'Union. Mais, même si on y est opposé, savoir que l'on va jusqu'à telle ou telle frontière permettrait de savoir où le projet s'arrête en termes géographiques. Pour reprendre les mots de Régis Debray, et je cite:

> La misère mythologique de l'éphémère Union européenne, celle qui la prive de toute «*affectio societatis*», tient en dernier ressort à ceci qu'elle n'ose savoir et encore moins déclarer où elle commence et où elle finit [...]. Qui entend se surpasser commence par se délimiter.

Et les citoyens européens ressentent d'autant plus fortement ce manque, cette absence de vision d'un projet géographique final, que l'Europe s'est bâtie sur des nations qui, toutes, ont des frontières bien définies. Car l'Europe c'est l'invention de la nation. Et la nation, comme nous le rappelle Jean-Claude Clément, ancien directeur de la Maison de Chateaubriand, c'est la définition de frontières. La nation ce n'est ni la Cité, ni l'Empire, ni le nomadisme. Pour chacun de ces trois modèles, la frontière n'est certes pas insignifiante mais elle garde quelque chose de secondaire. Il y a pour tout le pourtour de la Cité et pour les «marches» indistinctes de l'Empire beaucoup d'espaces vacants, vierges ou mal assignés. «Avec la nation européenne, écrit Clément, le domaine devient homothétique au sol; le territoire se fait précis, déterminé.»

Or si la frontière est d'essence européenne, si elle est dans les gènes historiques des Européens par l'existence des nations, comment espérer s'en tirer au niveau européen en ne définissant pas clairement quelles seront, même à terme, même d'ici un demi-siècle, nos frontières?

Premier manquement donc, «jusqu'où?». Deuxième manquement, «comment?»

Pour reprendre la métaphore de la maison, non seulement ni vous ni moi ne savons qui va venir y habiter ni quand, mais personne n'a idée de comment les frais vont être répartis. Sur quelles bases chacun des habitants paiera-t-il l'eau, le gaz et l'électricité? Sur quelles bases se répartissent les charges? Comme l'écrivit François Taillendier:

> Désormais, je ne sais plus où est le pouvoir qui régit ma vie. C'est une sphère dont la circonférence est partout et le centre nulle part, ou l'inverse. Région? Municipalité? État? Commission? Il y a des décrets et des lois, des directives, des circulaires, des règlements, des normes dont j'ignore tout, pondus par des institutions dont je connais à peine l'existence, ni d'où elles sortent ni à quoi elles servent.

Cette analyse est certes un peu caricaturale; mais, comme toute caricature, elle grossit un trait qui existe bel et bien.

Tant que nous n'aurons pas une idée suffisamment claire de qui va être responsable de quoi, même à terme, même d'ici 50 ans, les citoyens européens seront inquiets et troublés. Et leur confusion, tout comme celle des responsabilités au niveau de la région, de l'État et de l'Union, fait et fera qu'ils hésiteront à adhérer à un projet flou; un projet que l'on veut garder flou.

Car tel est bien le problème: *il n'y a pas et il n'y aura pas à court et moyen termes de consensus européen sur ces matières.* Les discussions concernant les limites géographiques finales sont évitées, tout comme sont évitées celles concernant les attributions finales de l'Union. Car il n'y a pas d'accord possible sur ces matières entre les différents États.

Et cela les citoyens le sentent et le savent, ce qui accroit encore leur inquiétude. D'où, souvent, un repli sur soi, un «campanilisme» comme je disais hier, un retour vers du connu même si celui-ci est réducteur et simpliste.

Alors ***que faire***, me direz-vous?

Je n'ai hélas pas de solution miracle à proposer. Je crois qu'il nous faudra continuer à avancer par petits pas entrepris quotidiennement. Et essayer d'apporter un début de réponse à la question de la répartition des compétences — et je crois que c'est possible, et à la question des frontières — même si en cette matière je suis plus pessimiste.

Avancer par petits pas, disais-je. En veillant toutefois à ne pas tomber dans une certaine technicité peu mobilisatrice. Avancer en n'ayant pas peur d'employer un langage plus politique, plus citoyen, *plus «lisible»*. En bref, plus digne des Européens à qui on s'adresse.

Pourquoi vouloir à toute force parler de 2-Pack et de 6-Pack, les citoyens même éclairés ne s'y retrouvant pas.

Un des véritables paradoxes européens est que, d'un côté, l'intégration se fait de manière constante (quoiqu'on en dise ou n'en dise pas) et souvent suite à des crises, qu'elles soient financières ou humanitaires. Par contre, va de pair avec cette plus forte intégration européenne, un langage de plus en plus obscur et technocratique qui donne l'impression aux citoyens que l'Europe, au lieu de s'intégrer de plus en plus, ne fait que se complexifier.

Et la carte de l'Europe, et je ne parle que de l'Union européenne existante, n'est aujourd'hui pas facile à dessiner, à représenter, et donc, pour les citoyens, à se représenter et à s'approprier.

Voyez plutôt: l'UE est à vingt-huit (28), mais l'eurozone à dix-huit (18). L'Euro Plus Pact fut signé à vingt-trois (23) — sans la Suède, la Tchéquie, la Hongrie et le Royaume-Uni; par contre le Nouveau Traité Intergouvernemental baptisé du nom de Fiscal Compact fut, lui, ratifié à vingt-cinq (25), sans la Tchéquie et le Royaume-Uni, mais avec la Suède et la Hongrie alors même que ce Fiscal Compact est plus contraignant que l'Euro Plus Pact... Ça va? Vous suivez toujours? L'EDA, l'Agence européenne de défense, comprend l'ensemble des pays de l'Union, sauf un: le Danemark.

Lisibilité disais-je...

Lisibilité qui devrait aussi aller de pair avec la revendication d'une certaine symbolique (hymne, drapeau,...) permettant aux citoyens européens de *mieux visualiser l'Europe*. Et d'en être ainsi plus proches par les yeux et donc par le cœur. Et si je cite ici l'hymne et le drapeau européens, ce n'est pas par hasard car ils figuraient, en tant que symboles, dans le Traité de Lisbonne avant ratification. Et ce n'est pas le Royaume-Uni, comme on le croit souvent, qui les a fait supprimer du texte du Traité mais un des six pays fondateurs, à savoir les Pays-Bas! En effet, souvenez-vous, ils avaient eu un vote négatif lors du referendum sur le Traité et c'est le Premier Ministre néerlandais qui a demandé, pour faire passer le Traité, que les symboles soient supprimés! Oui, c'est aussi ça l'histoire de la construction ou plutôt du dépeçage du projet européen...

Mais je ne désespère pas de voir, d'ici quelques années, voire quelques mois, refleurir un débat autour de nos billets d'euro. Car maintenant que notre monnaie est sauvée, il est urgent de réfléchir à ce qu'elle représente certes en valeur monétaire mais aussi en valeur symbolique européenne. Que mettre sur nos billets? Je serais assez partisan de sites européens prestigieux (tels la Place Saint-Marc à Venise ou, encore mieux, la Salute, toujours à Venise) ainsi que de grands hommes qui ont façonné notre manière de penser et d'agir, comme Dante et Grégoire XIII et, plus près de nous, Schuman et Monnet. Là l'Europe, même réduite à dix-huit (18) serait réellement lisible.

Et si on veut passer de dix-huit (18) à vingt-huit (28) on pourrait, afin d'accroître la lisibilité, considérer le 9 mai, jour anniversaire de la Déclaration Schuman, comme jour férié dans toute l'Union. Jour férié que les États membres compenseraient ou non en fonction de leur choix national; jour férié qui sensibiliserait l'ensemble des citoyens européens au projet européen en construction.

Lisibilité donc pour permettre l'appropriation d'une vision, d'un projet. En bref, pour permettre d'avancer. Et avancer en n'oubliant jamais de réaffirmer les valeurs qui nous lient, et ceci afin de mieux asseoir le long terme.

Après deux longues périodes d'unité par la foi et par les hommes, et après deux ruptures dues aux guerres de religions et d'idéologies, l'Europe connaît depuis le milieu du vingtième siècle une période d'unité.

Et fait unique dans l'histoire du monde, *d'unité par le projet!* Un projet choisi et non imposé. Un projet auquel les citoyens choisissent d'adhérer en toute liberté.

Ce projet, il sera tout ce que nous, vous et moi, citoyens d'Europe, en feront. Le kabbaliste Moshé Idel traduisit la manifestation de Dieu à Moïse dans le buisson ardent, *«Ehyé asher éhyé»* par «Je serai tout ce que vous ferez que je sois.» De même, je crois que l'Union européenne sera demain tout ce que nous ferons qu'elle soit.

Nous avons à poursuivre un chemin en continuant à le tracer, jour après jour. Un chemin que personne ne peut tracer ni découvrir à notre place.

C'est cela le défi que nous devons relever. Le défi est immense car le projet est unique dans l'histoire. Unique car il s'agit de rassembler sur des valeurs qui grandissent l'homme.

Projet que nous devons *continuer à porter* afin qu'il puisse non seulement se développer mais tout simplement perdurer.

J'aime employer, concernant le projet de l'Union, *une autre métaphore* mettant en scène un jeune élève, sa maman et son institutrice. Dans ma métaphore le jeune élève ce serait nous, sa maman serait notre conscience citoyenne européenne, et son institutrice serait l'Union européenne.

Le jeune élève, c'est-à-dire nous, doit apprendre un poème et le réciter le lendemain matin devant son institutrice, c'est-à-dire l'Union européenne. Sa maman, notre conscience citoyenne européenne, lui dit qu'il lui faudra le réciter devant elle la veille, juste avant de pouvoir regarder son émission de télévision préférée. Que fait le fils? Que fait l'élève? Il apprend son poème, le récite la veille au soir à sa maman pour lui «faire plaisir», et ensuite «l'oublie» pour aller regarder son émission de télévision, ce qui était son but premier. Le lendemain, il ne connaît plus le poème et est incapable de le réciter à son institutrice car il a «déstocké» l'information, son projet s'étant arrêté la veille, juste après avoir récité son poème à sa maman. Il a en quelque sorte, je l'ai dit, «déstocké» l'information dès qu'il a cru son projet réalisé, dès qu'il a récité son poème à sa maman.

Or c'est la même chose pour nous, citoyens européens. Nous nous intéressons à l'Europe, nous apprenons notre poème, nous le récitons, c'est-à-dire que nous votons une fois tous les cinq (5) ans pour le Parlement européen, et puis nous nous en désintéressons, nous le «déstockons» et nous regardons notre émission de télévision préférée, c'est-à-dire nos débats politiques purement nationaux, oubliant notre poème, notre projet.

Et ceci est la manière la plus sûre de faire échouer l'Europe. Car un projet qui n'est pas porté en permanence par ses citoyens est un projet qui est, forcément, voué à l'oubli et donc à l'échec.

C'est pour cela que le voyage sur le chemin de l'Europe vers l'Union, voyage symboliquement entamé par Robert Schuman le 9 mai 1950, doit être poursuivi, jour après jour, par chacun d'entre nous. Par nous et pour nous. Par nous avec les autres. Par nous pour les autres et donc pour nous tous. C'est comme cela que nous réussirons.

Ensemble.

Je vous remercie.

Conclusion

Mesdames, Messieurs, chers Amis,

Je voudrais en conclusion de ces quatre conférences, rappeler les mots du Président Georges Bush père, mots prononcés lors de son discours du 1er octobre 1990 à la 45e session de l'Assemblée Générale des Nations Unies, je cite:

> Je vois un monde se construire sur le nouveau modèle de l'unité européenne en train d'émerger, pas seulement en Europe, mais dans l'ensemble du monde, tout entier et libre.

Oui, notre Union est un exemple.

Puisse-t-elle se renforcer afin de rayonner et, comme le suggère le Président Bush, d'être pour le monde une source d'inspiration et d'espérance.

Je vous remercie.

TABLE DES MATIÈRES

Préface de Herman VAN ROMPUY Président du Conseil européen	3
Introduction	5
I. L'Europe, ce que j'en vis	7
II. La paix, l'autre nom de l'Europe	13
III. La diversité ou l'essence d'être européen	19
IV. L'Europe inachevée...	25
Conclusion	33

Gregoriana

1. «Vivere insieme» nell'Europa di oggi
   (Herman Achille VAN ROMPUY, Giovanni Maria FLICK)

2. *Patrem consummat Filius*
   Omaggio al R. P. Luis Ladaria, S.I.

3. La nuova evangelizzazione
   Dies academicus 2011-12

4. *The Council of Trent. Myths, Misunderstandings, and Unintended Consequences*
   R.P. John O'MALLEY S.I.

5. Il ministero dello storico
   Omaggio al R. P. Marcel Chappin, S.I.

6. De Robert Schuman à demain
   suite du Christ et engagement politique

7. Défis européens
   *Cycle de conférences de Michel Praet
   Conseiller du Président de l'Union Européenne*